slicing

تشريح

umbrella

مظلة

coffee

قهوة

hexagon

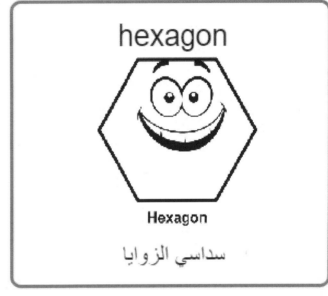

سداسي الزوايا

toad

العلجوم

ice

جليد

sun 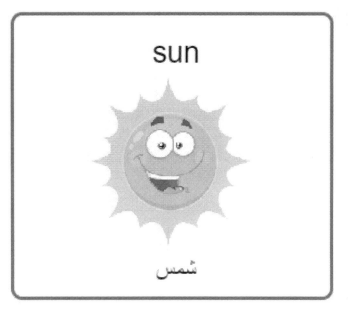 شمس	**towel**  منشفة
mice  الفئران	**boots** 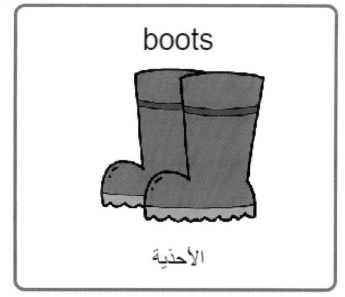 الأحذية
wet  مبلل	**grape** 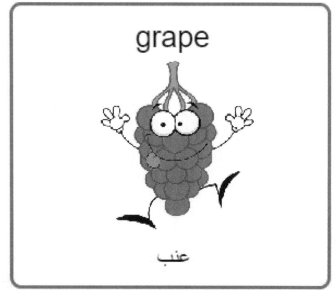 عنب

school

مدرسة

soda

مشروب غازي

body
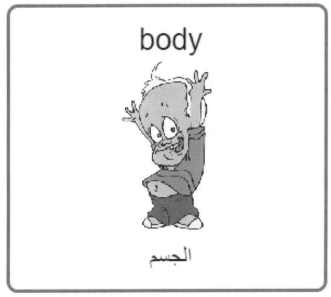
الجسم

cucumber
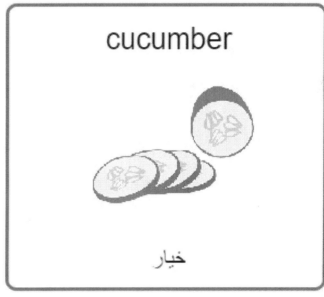
خيار

bone

عظم

rainbow

قوس المطر

island	nut
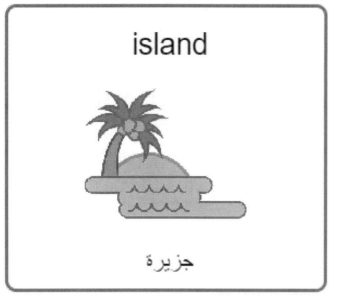	
جزيرة	جوز

quiz	paint

لغز	رسم

beg	barrow

إفترض جدلا	رابية

wake up  استيقظ	**cub**  الشبل
clap  صفّق	**chin**  ذقن
shorts 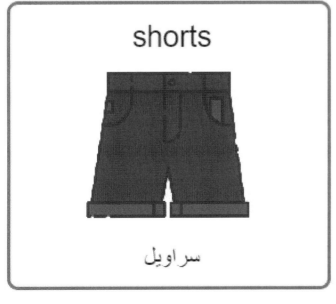 سراويل	**presents** 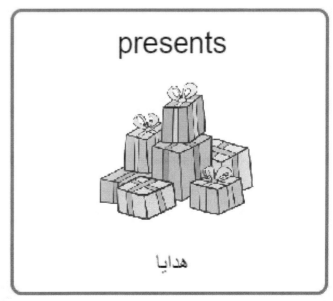 هدايا

scary 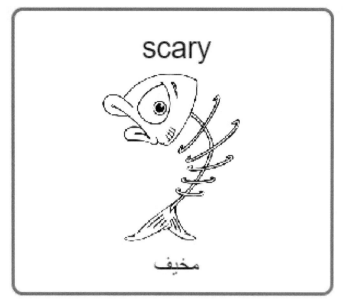 مخيف	porcupine  النيص
map 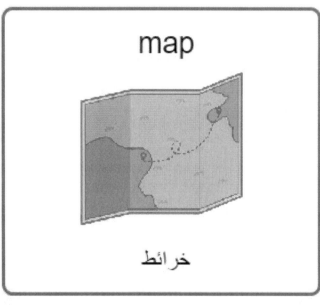 خرائط	oyster 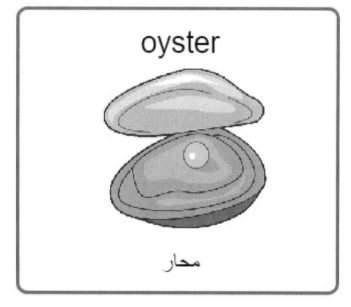 محار
scarf  وشاح	chick  الكتاكيت

tree  شجرة	**musician**  موسيقي
sheep  خروف	**snowflake**  ندفة الثلج
crab  سلطعون	**bathtub**  حوض الاستحمام

clam  هادئة	basketball 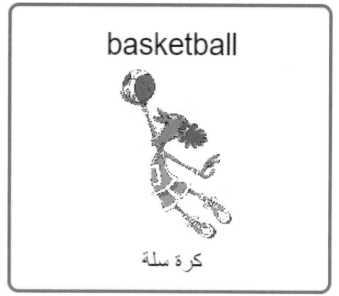 كرة سلة
museum 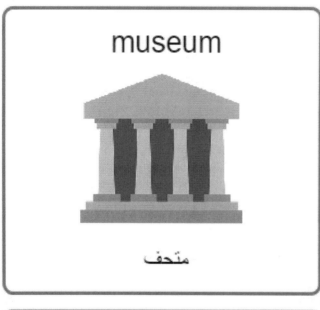 متحف	crayons 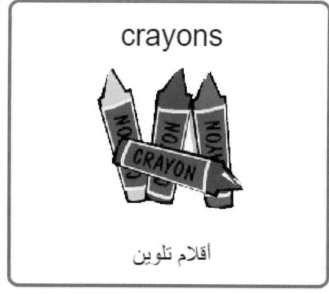 أقلام تلوين
respect 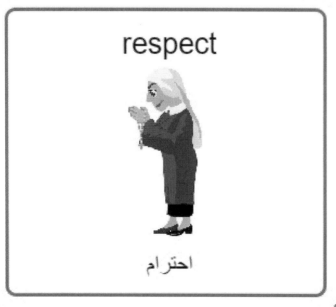 احترام	fireplace  المدفأة

goodbye

وداعا

broom

مكنسة

wig

شعر مستعار

mountains
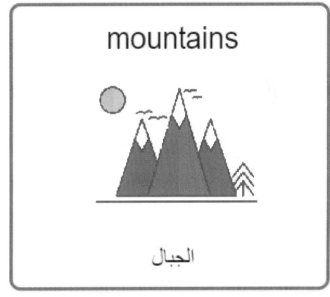
الجبال

driving

القيادة

dressing

صلصة

monster

مسخ

tomato

طماطم

wood

خَشَب

helmet

خوذَة

animals

الحيوانات

banana
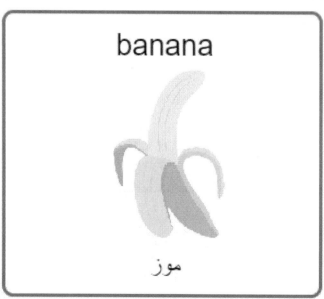
موز

acorn  الجوز	**mom**  أمي
van  سيارة نقل	**chimney** 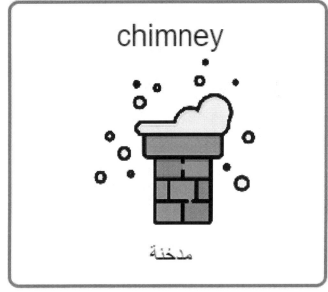 مدخنة
ladder  سلم	**bear**  يتحمل

hedgehog  قنفذ	**rob**  سلب
ruler  مسطرة	**clean**  نظيف
brick  قالب طوب	**eagle**  نسر

insect  حشرة	fish 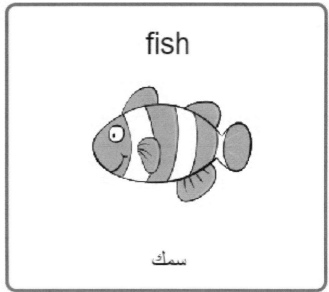 سمك
one  واحد	prize  جوائز
cutter 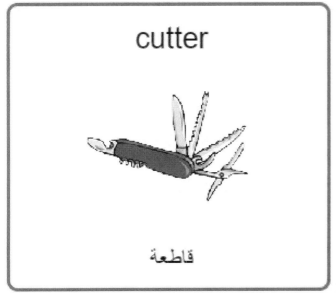 قاطعة	sleeping  نائم

earring 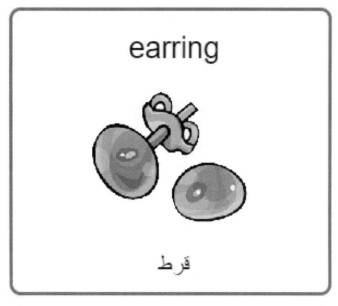 قرط	door  باب
mouth  فم	tire  إطار العجلة
sleepy  نعسان	duck  بطة

monkey  قرد	**smile** 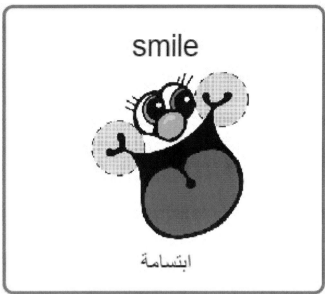 ابتسامة
wiping 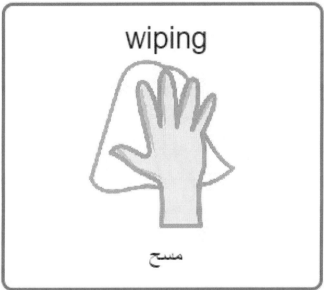 مسح	**five**  خمسة
jeep 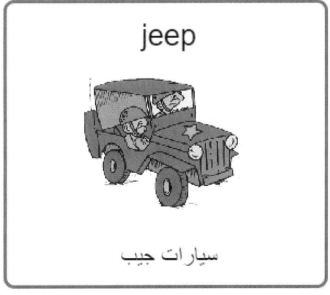 سيارات جيب	**bee**  نحلة

math  الرياضيات	**shopping**  التسوق
team  الفريق	**walk**  سير
turban  عمامة	**play**  لعب

ears  آذان	**hurt**  جرح
red  أحمر	**music**  موسيقى
cry  يبكي	**basket** 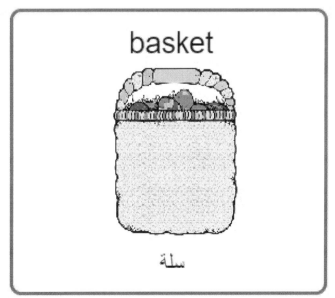 سلة

ostrich  نعامة	**cowboy**  راعي البقر
window  نافذة او شباك	**seven**  سبعة
friend  صديق	**vase** 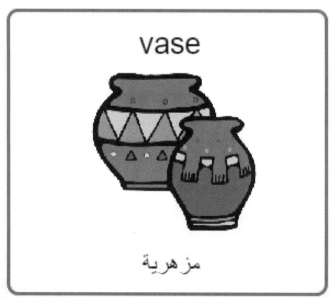 مزهرية

reindeer

الرنة

proud

فخور

tiger

نمر

street

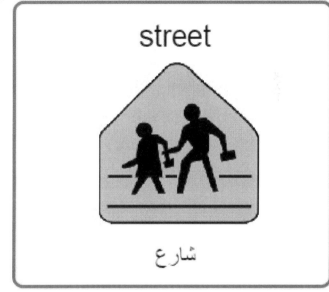

شارع

barber

حلاق

tent

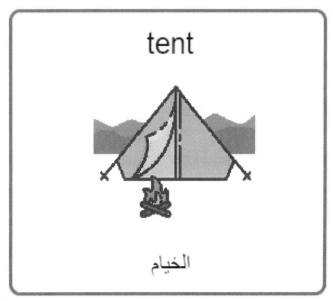

الخيام

package  صَفقَة	star  نجمة
peach  خوخ	snow  ثلج
hill  تل	comb  مشط

owl  بومة	vegetable  خضروات
game 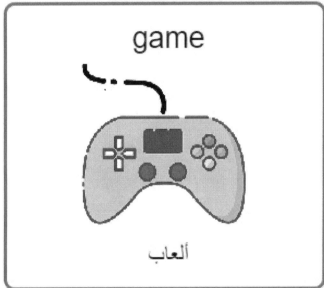 ألعاب	teacup  فنجان شاي
eyes  عين	mole  خلد

candle 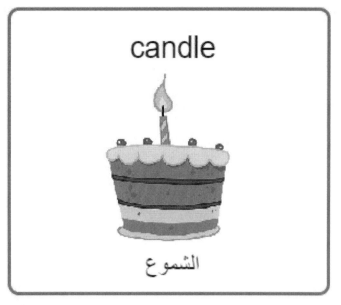 الشموع	enjoy  استمتع
finger  اصبع اليد	bell 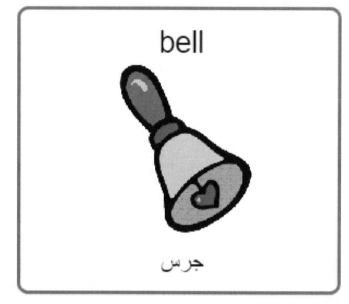 جرس
hopping  التنقل	pretty  جميلة

him

له

hen

دجاجة

alphabet

الأبجدية

bird

طائر

leg

الساقين

elephant

فيل

stylish  أنيق	hotel  الفندق
boat 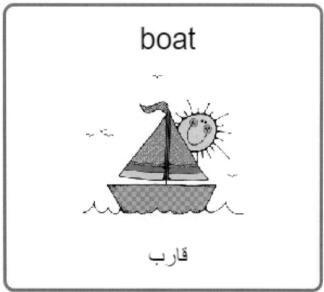 قارب	delicious  لذيذ
tooth 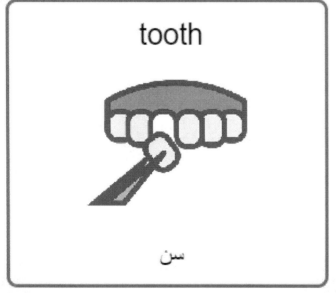 سن	pencil 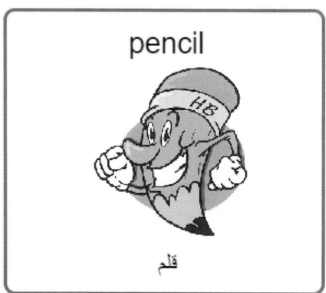 قلم

nest

عش

donut

الكعك

powerful

قوي

dock
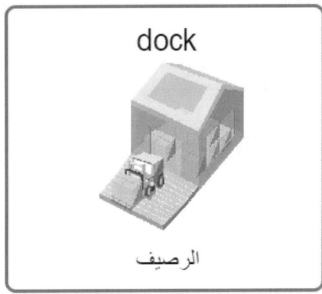
الرصيف

singing

الغناء

earth
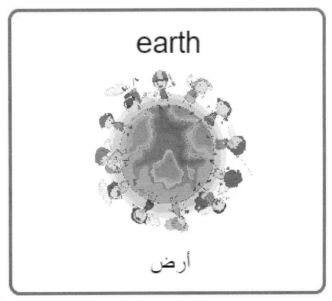
أرض

lemon  ليمون	oven  فرن
wheat  قمح	anchor  مرساة
neck 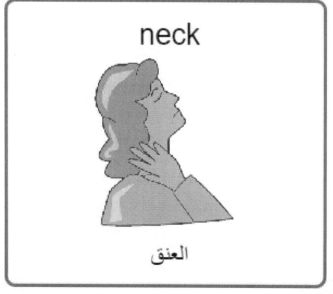 العنق	carrot 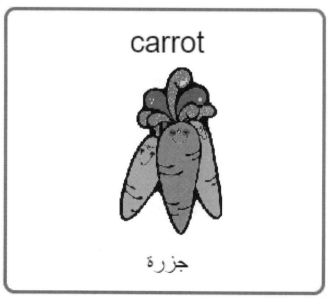 جزرة

eggplant  باذنجان	**fresh**  طازج
ketchup  كاتشب	**rat**  فأر
money  مال	**zebra**  الحمار الوحشي

barrel  برميل	**zipper** 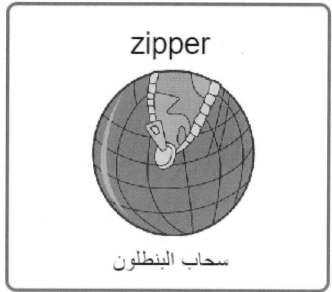 سحاب البنطلون
onion  بصلة	**ten** 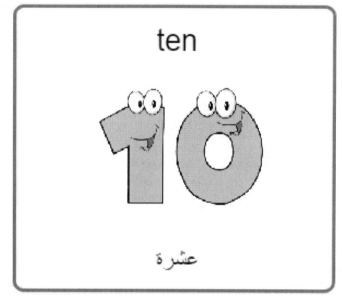 عشرة
dad  أب	**zero** 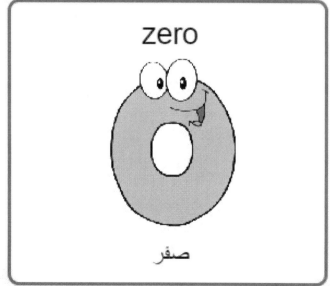 صفر

love  حب	bored  ضجر
mask  قناع	book  كتاب
knight  فارس	hello  مرحبا

ax 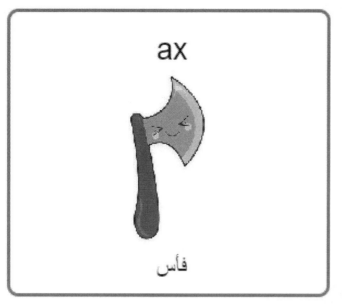 فأس	**thunder** 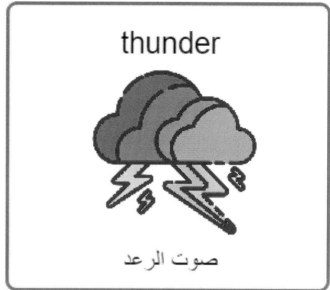 صوت الرعد
bite  عضة	**truck**  الشاحنات
bean  فاصوليا	**yak**  ثور التبيت

plane 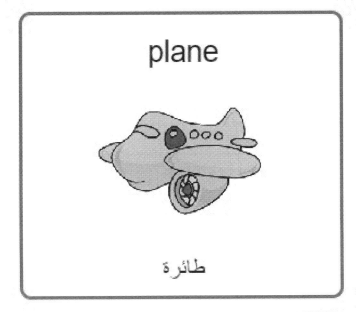 طائرة	parachute 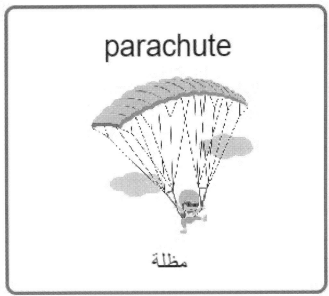 مظلة
pomegranate  رمان	wedding  حفل زواج
car  سيارة	tangerine 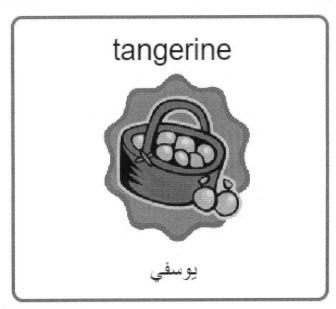 يوسفي

flag	diamond
	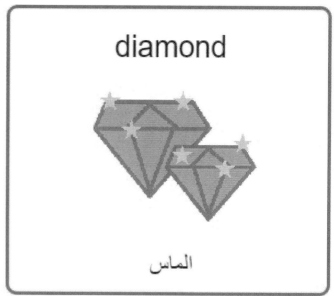
علم	الماس

cage	mermaid
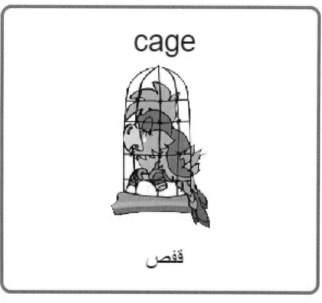	
قفص	حورية البحر

watermelon	chicken
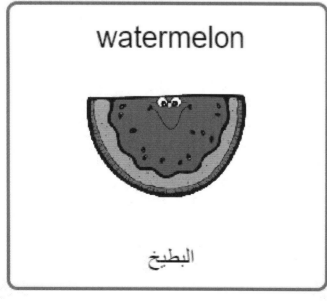	
البطيخ	دجاج

nibble  عاب	sausage  سجق
manager  مدير	igloo  المبنى القبني
maid  عاملة نظافة	letter  رسالة

bad  سيئة	big  كبير
fire  نار	gasoline  بنزين
torch 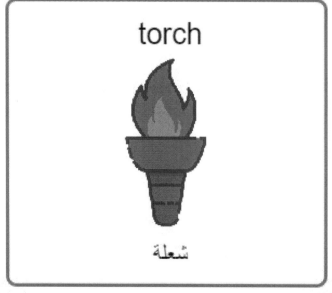 شعلة	fishing 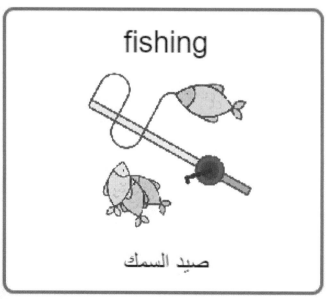 صيد السمك

studying	coat
	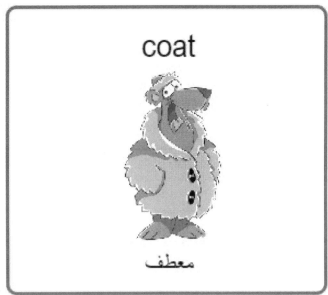
دراسة عربي	معطف

kiwi	bicycle
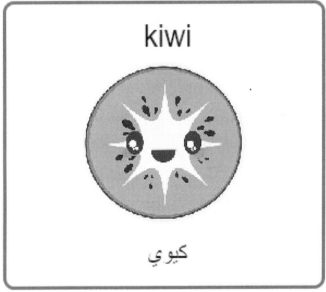	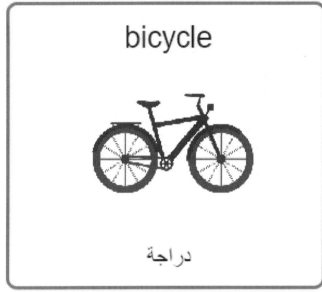
كيوي	دراجة

pulling	hockey

سحب	الهوكي

kite 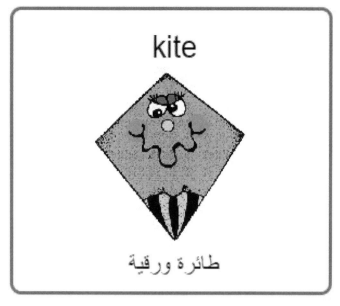 طائرة ورقية	chocolate  شوكولاتة
lamp  مصابيح	box  صندوق
skirt  تنورة	up  فوق

pen  قلم جاف	collar 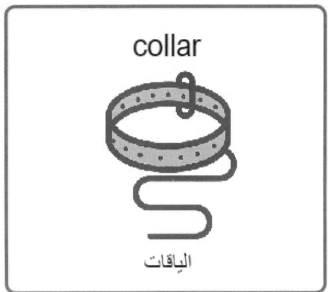 الياقات
camera 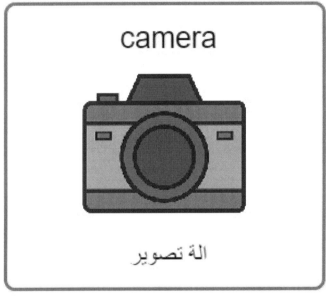 الة تصوير	church 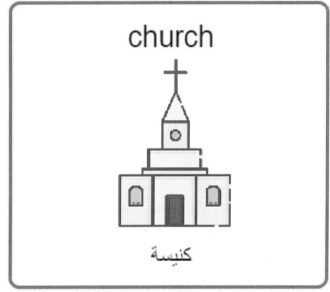 كنيسة
fall  خريف	ink 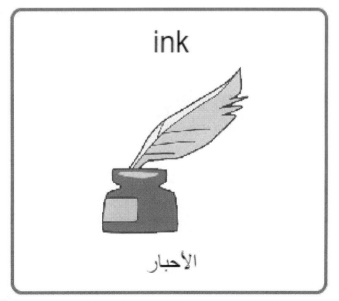 الأحبار

pie 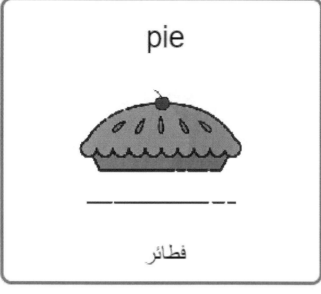 فطائر	octopus  أخطبوط
lid 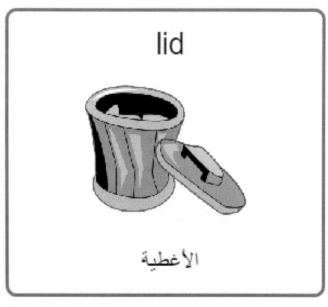 الأغطية	plants  النباتات
dolphin 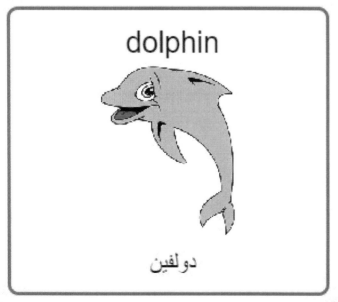 دولفين	ice cream  بوظة

fox	muscle

ثعلب	عضلة
tray	plum
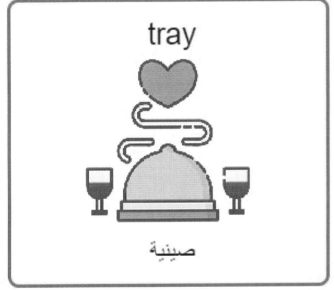	
صينية	برقوق
wash	pigeon

غسل	حمامة

rain 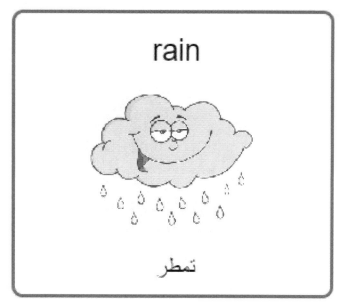 تمطر	stockings  جوارب
syringe 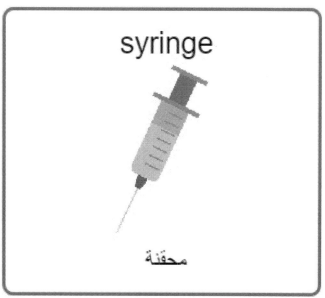 محقّنة	grapefruit  جريب فروت
sack 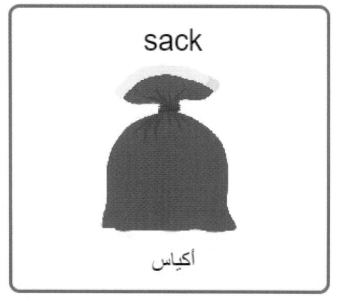 أكياس	salad  سلطة

toddler	aggressive

الأطفال الصغار	العدواني

serving	delivery

خدمة	توصيل

gorilla	kids

غوريلا	أطفال

politician

سياسي

pearls

درر

fin
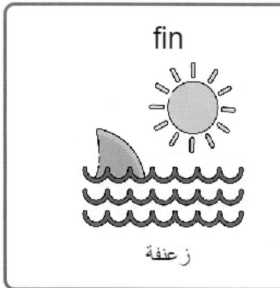
زعنفة

unhappy

تعيس

thumb

الابهام

suitcase
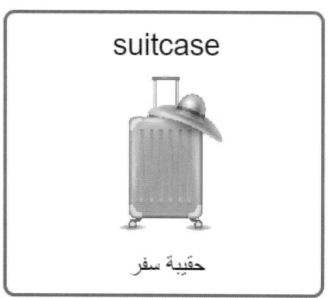
حقيبة سفر

bookshelf  رف الكتب	mushroom  فطر
rose 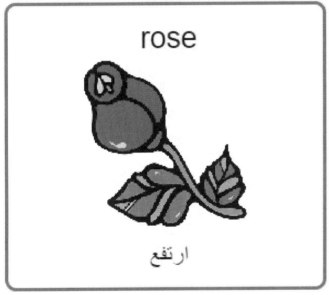 ارتفع	climbing  التسلق
pin 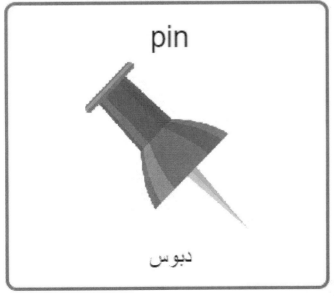 دبوس	turnip  لفت نبات

brain 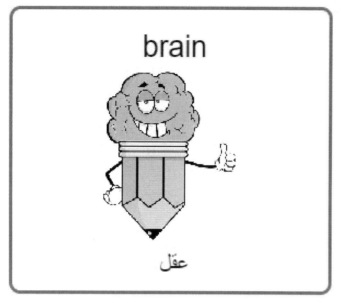 عقْل	**nap**  قيلولة
doctor  طبيب	**toy** 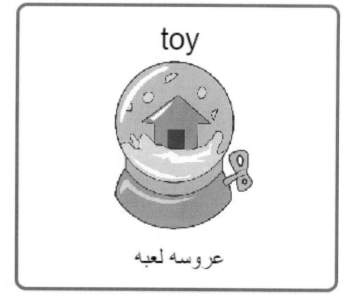 عروسه لعبه
bouquet  باقة أزهار	**koala** 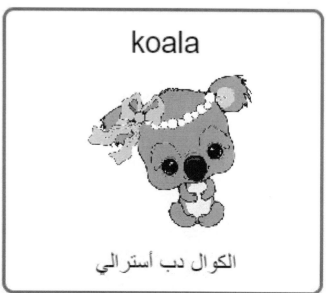 الكوال دب أسترالي

ham  لحم خنزير	massage 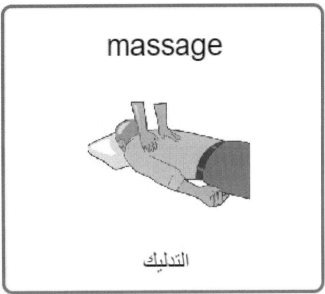 التدليك
pajamas  لباس نوم	hospital 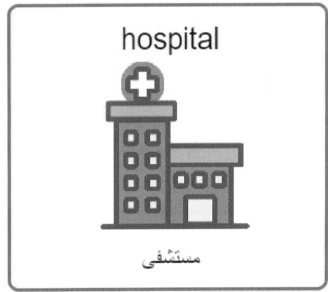 مستشفى
jogging  الركض	bowl  عاء

airplane 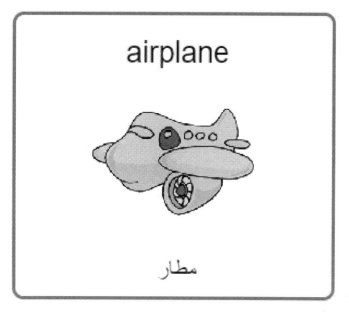 مطار	**looking**  يبحث
golf  جولف	**cheetah**  الفهد
sailboat  مركب شراعي	**bin**  بن

stick  العصي	hit  نجاح
mop 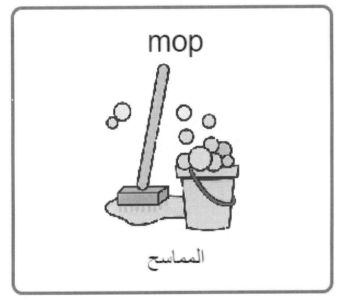 المماسح	tuxedo  ملابس السهرة للرجال
shelter  الملاجئ	question  سؤال

magician  ساحر	**soup**  حساء
tame  كبح	**leaf**  ورقة الشجر
children  الأطفال	**baker**  خباز

showering  الاستحمام	**loud**  بصوت عال
face  وجوه	**fat**  سمين
two  اثنان	**grass**  نجيل

angry  غاضب	**house** 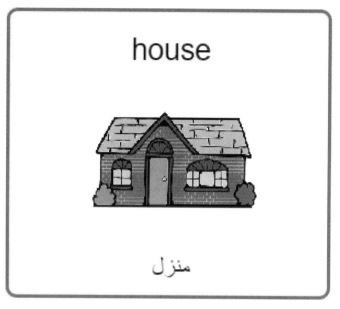 منزل
chair 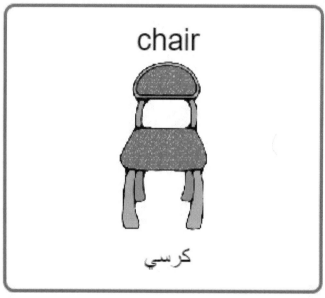 كرسي	**podium**  منصة
tombstone  تمثال	**squirrel**  السناجب

juice  عصير	strong  قوي
jump  قفز	arm 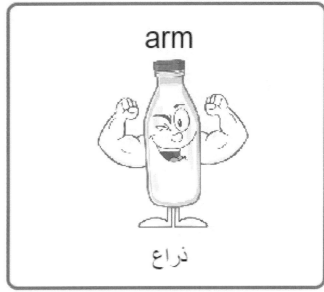 ذراع
pacifier  اللهايات	butterfly 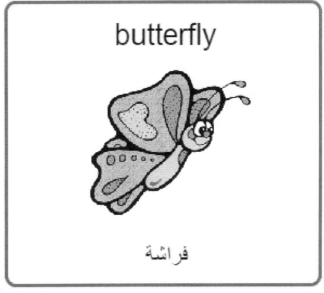 فراشة

peg 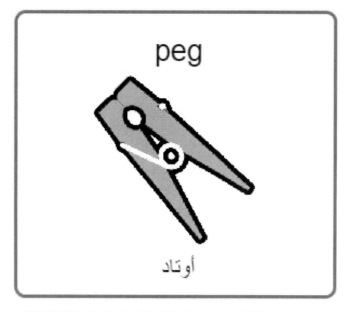 أوتاد	skunk  الظربان
meet 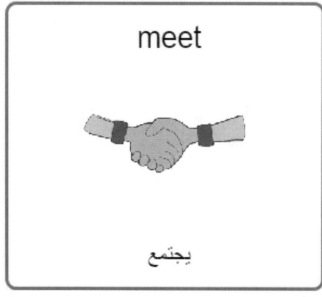 يجتمع	reading  قراءة
giraffe  زرافة	peas 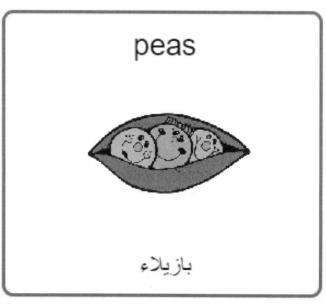 بازيلاء

bed

السرير

microscope

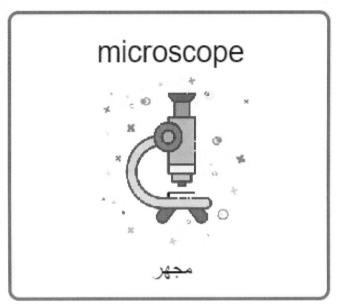

مجهر

drink

يشرب

science

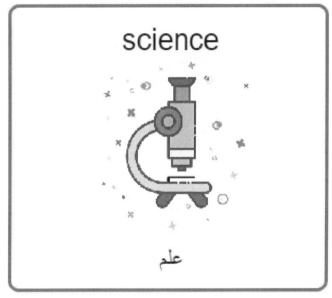

علم

penguin

البطريق طائر

slippers

شباشب

teeth 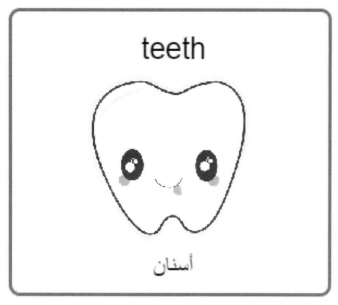 أسنان	**strawberry** 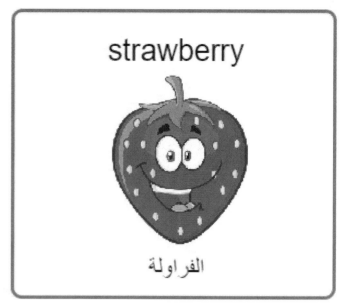 الفراولة
writing  جاري الكتابة	**father**  الآب
bucket  دلو	**soccer**  كرة القدم

evil

الشرور

sinking

غرق

guitar

غيتار

sister

أخت

orange

البرتقالي

feeding

تغذية

quail  طائر السمان	dress  فساتين
knitting  حياكة	three 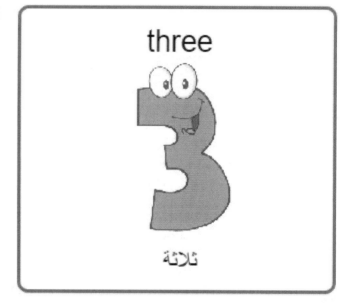 ثلاثة
steak  شريحة لحم	pot  وعاء

bedroom	fitness

غرفة نوم	اللياقه البدنيه

teach	man

علم	رجل

couch	beach

أريكة	شاطئ بحر

pillow
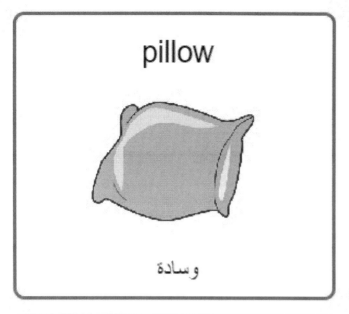
وسادة

eight
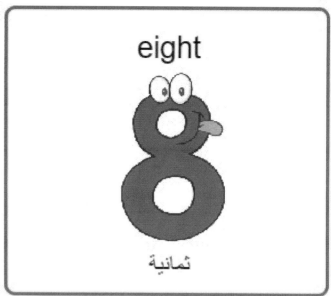
ثمانية

goat

ماعز

apple

تفاحة

cake
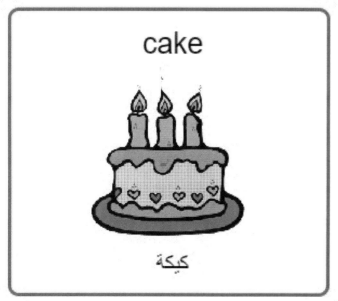
كيكة

unicorn

آحادي القرن حيوان خرافي

family	wreath
	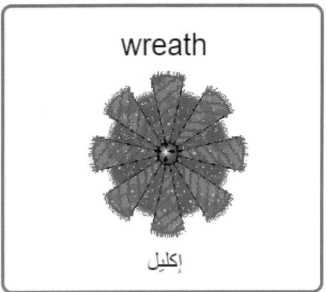
عائلة	إكليل

bread	violin

خبز	كمان

rabbit	fence

أرنب	سياج

head  رئيس	bike  دراجة هوائية
stove  موقد	teacher  مدرس
under 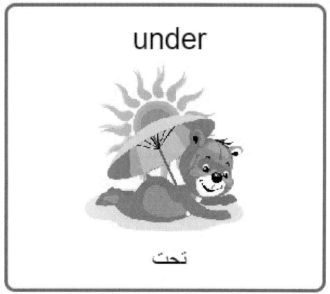 تحت	working  عامل

jam	seeds

مربى	بذور

chef	chili

طاه	الفلفل الحار

calendar	parrot
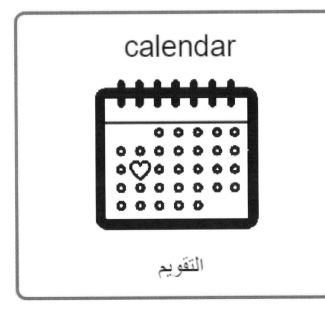	
التّقويم	ببغاء

lightbulb  المصباح الكهربائي	**horse**  حصان
hide  إخفاء	**cookie**  بسكويت
radio  راديو	**shoes**  أحذية

cactus 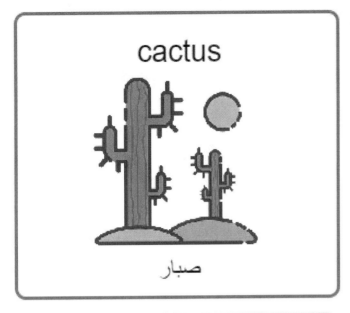 صبار	sweater  البلوزات
milk  حليب	hand 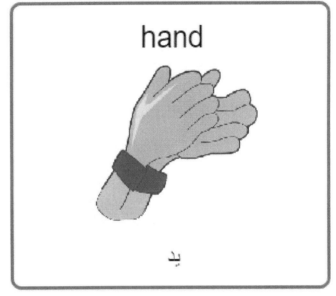 يد
day  يوم	help  مساعدة

dice

حجر النرد

cow

بقرة

queen

ملكة

egg

بيض

compass
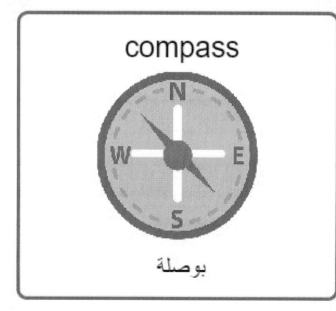
بوصلة

turtle

سلحفاة

teapot  براد شاى	**socks** 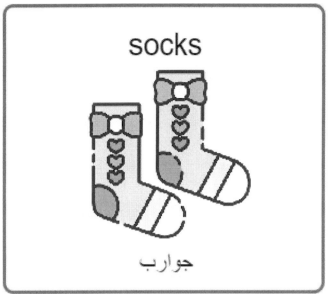 جوارب
meat  لحم	**jug**  إبريق
glove  قفازات	**lantern** 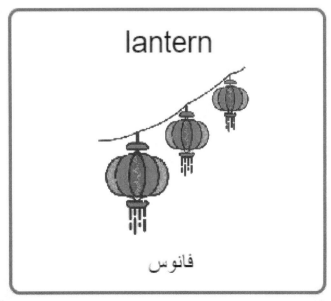 فانوس

tugging 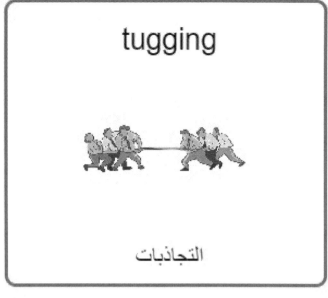 التجاذبات	**wind**  يَنفخ
night  ليل	**briefcase**  حقَيبة
run  يركض	**garden**  حديقَة

sketch	paper
	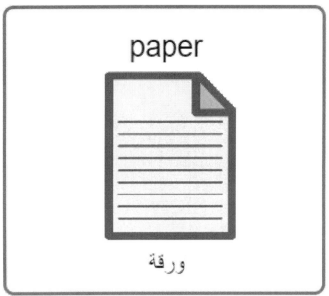
رسم	ورقة
pizza	noodles

بيتزا	المعكرونة
medication	dinner
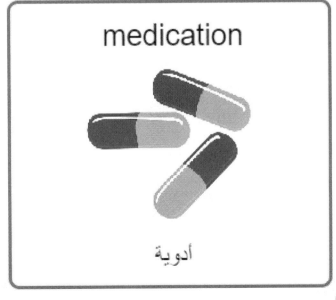	
أدوية	وجبة عشاء

king	signature
 ملك	 التوقيع |ту
snake	policeman
 ثعبان	 الشرطي
shark	laugh
 قرش	 يضحك

hippopotamus	gun

فرس نهر	بندقية

puppy	alligator

جرو	تمساح إستوائي

desk	cheese

مكاتب	جبن

number 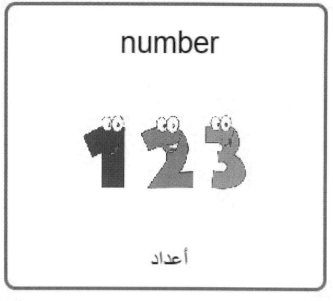 أعداد	**tongue**  لسان
stop  توقف	**jacket** 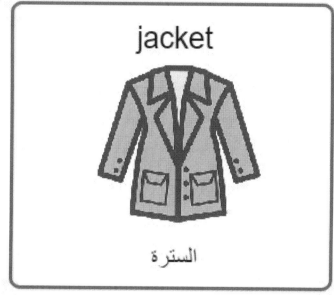 السترة
girl  فتاة	**drawing**  رسم

yarn  غزل	**rocket** 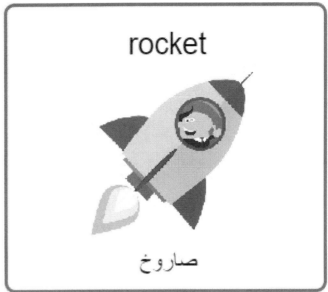 صاروخ
palm  كف	**dumbbells**  اجراس صماء
backpack  حقيبة ظهر	**kitten**  قطه صغيره

fly  يطير	racket  مضرب تنس
bug  بق	puddle  بركة صغيرة
rooster  ديك	panda  الباندا

sad  حزين	**waiter**  النوادل
shirt  قميص	**coconut**  جوزة الهند
hip  ورك او نتوء	**soil**  تربة

mad

مجنون

avocado

أفوكادو

bib

مريلة

sandwich

السندويشات

walrus
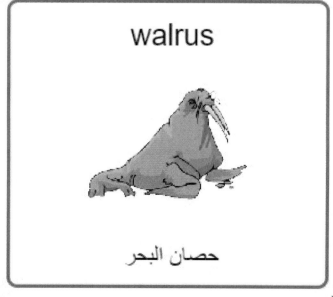
حصان البحر

pudding

بودنغ

dig  حفر	**frog**  ضفدع
kneeling  راكع	**clock**  ساعة حائط
chalkboard  السبورة	**arrow** 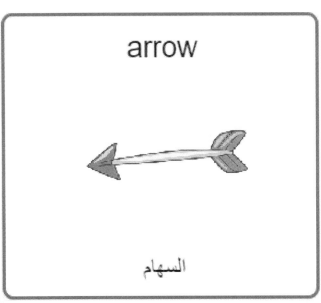 السهام

vaccine 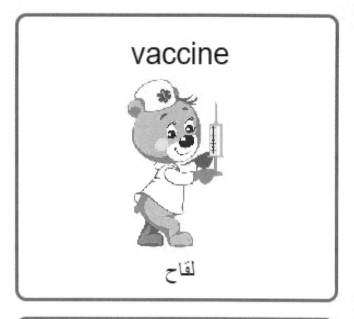 لقاح	witch 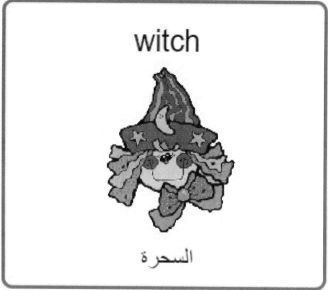 السحرة
open  افتح	beard  لحية
train 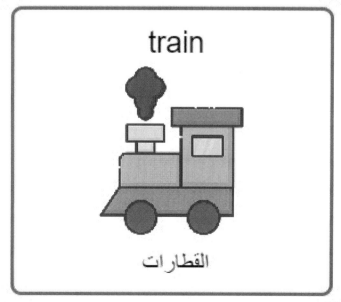 القطارات	peanut  الفول السوداني

gifts	pelican

الهدايا	البجع طائر

whiskey	morning

ويسكي	صباح

princess	farmer

أميرة	مزارع

turkey	nurse

ديك رومي	ممرضة

castle	sound
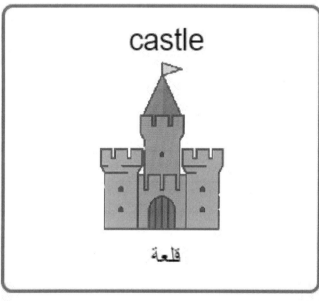	
قلعة	صوت

scooter	mat

الدراجات البخارية	الحصير

photographer
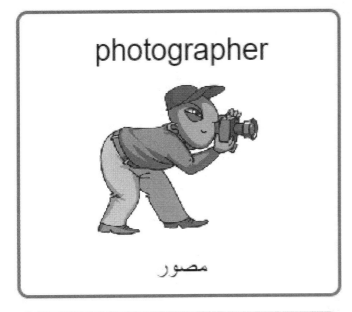
مصور

ring
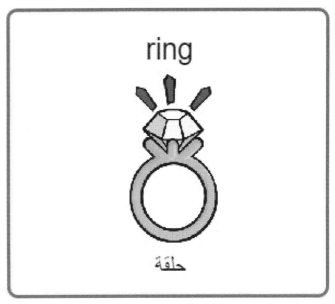
حلقة

oval
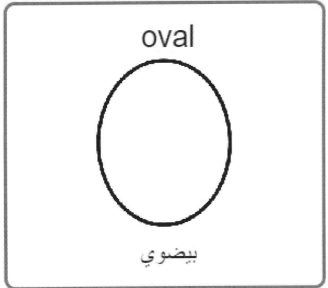
بيضوي

lion

أسد

win

يَفوز

volcano

بركان

ironing  كى الملابس	**joyful**  سعيد
quiet  هادئ	**cooking**  طبخ
ballon  بالون	**dust**  غبار

wagon  عربة	**corn** 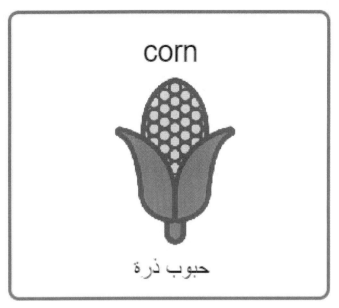 حبوب ذرة
point  نقاط	**lipstick** 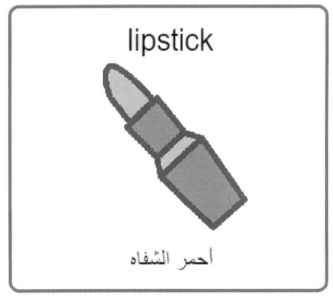 أحمر الشفاه
stinky  نتن	**summer**  الصيف

cherry 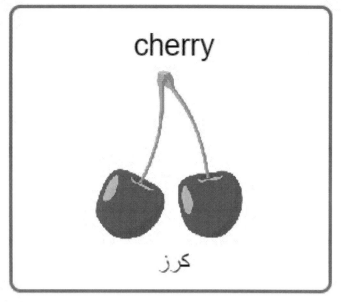 كرز	cot  سرير نقال
friendly  ودود	shy  خجول
yogurt  زبادي	name  اسم

shoulder  كَتِف	**pear**  إجاص
piano  بيانو	**medicine** 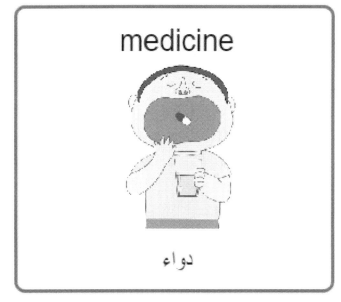 دواء
sick 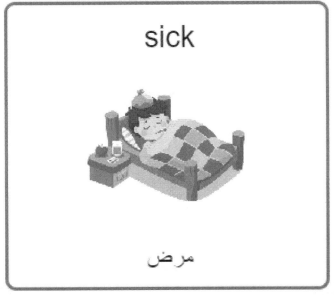 مرض	**stand up**  قم

race

سباق

popsicles

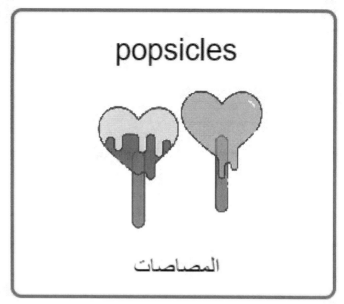

المصاصات

decrease

تخفيض

hair

شعر

bus

حافلة

spider

عنكبوت

butcher	throwing

جزار	رمي

sofa	engine
	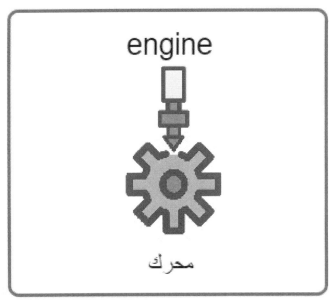
كنبة	محرك

tea	spatula

شاي	ملعقة الصيدلي

farm	raspberry

مزرعة	توت العليق
christmas	utensils

عيد الميلاد	أواني
flower	water

زهرة	ماء

doll	bottle
	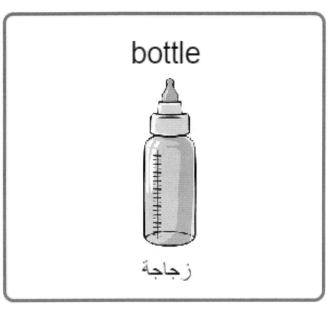
دمية	زجاجة

ball	vest
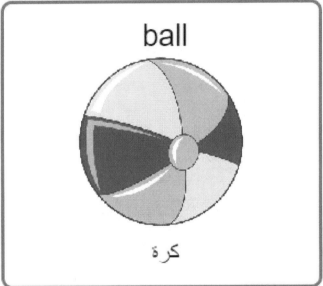	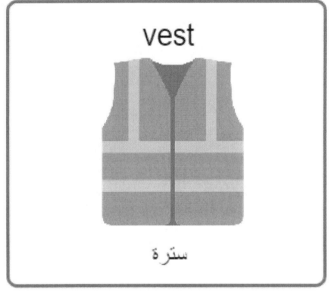
كرة	سترة

kitchen	cat

مطبخ	قط

potato	circle
	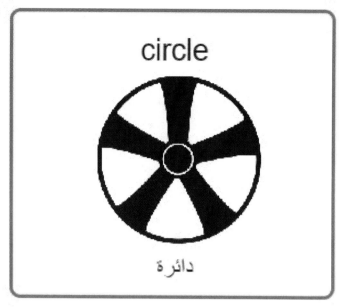
البطاطس	دائرة

baseball	celebrate

البيسبول	احتفل

drum	rake
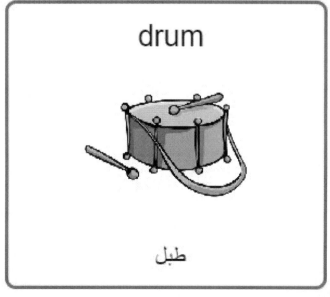	
طبل	مجرفة

blender  الخلاط	kangaroo  كنغر
picture  صورة	pig  خنزير
nine  تسعة	message  رسالة

blood	wallet
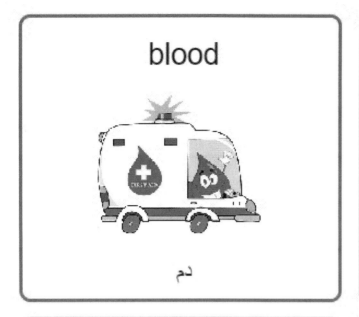	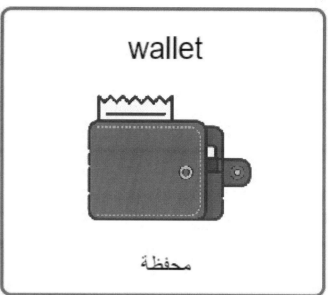
دم	محفظة

iguana	boar

الإغوانا	خنزير ذكر

ghost	bomb

أشباح	القنابل

camel	angel
 جمل	 ملاك
telescope	forbid
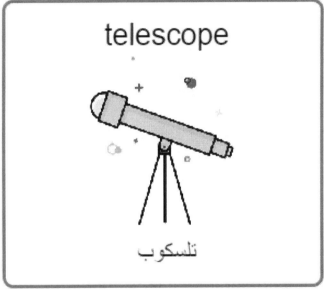 تلسكوب	 حرم
whale	song
 حوت	 أغنية

four

أربعة

glue
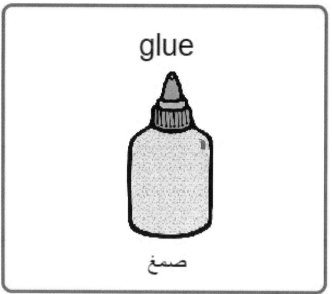
صمغ

hammer

شاكوش

mother

أم

carpet
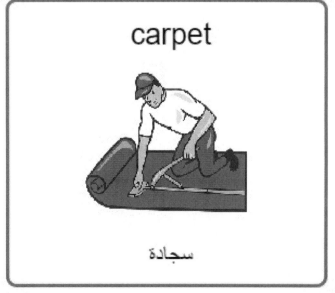
سجادة

brother

شقيق

lotus 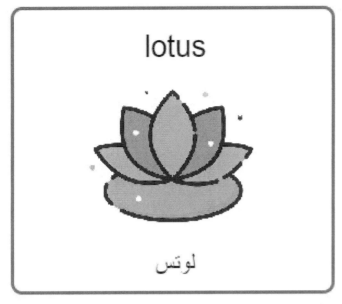 لوتس	**curtain** 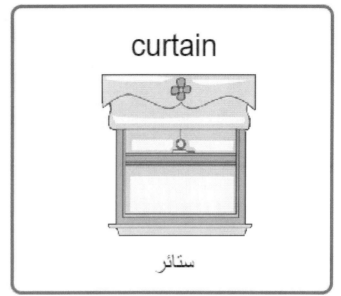 ستائر
paintbrush  فرشاة الرسم	**ant**  نملة
pan  مقْلاة	**news**  أخبار

windmill  طاحونة هوائية	**computer**  أجهزة الكمبيوتر
boxing  ملاكمة	**honey**  عسل
swan  بجعة	**knife**  سكين

mug

أكواب

dog

الكلب

vulture

نسر

mirror

مرآة

shovel
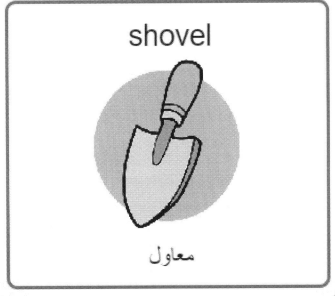
معاول

calculator
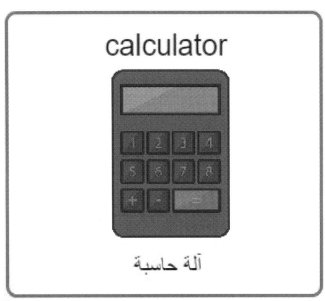
آلة حاسبة

nose  أنف	snail  حلزون
six 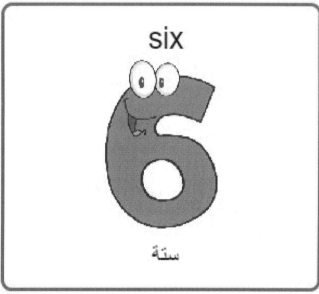 ستة	ground  أرض
factory  مصنع	party  حفل

sit  تجلس	**broccoli**  بروكلي
belt  حزام	**mare**  فرس
trash  قمامة	**quilt** 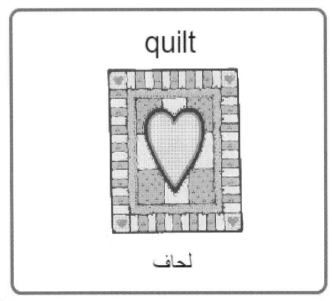 لحاف

leader	boy

قادة	صبي

bag	candy

كيس	حلويات

rug	impress

السجاد	اعجاب

wag  هز	**bridge** 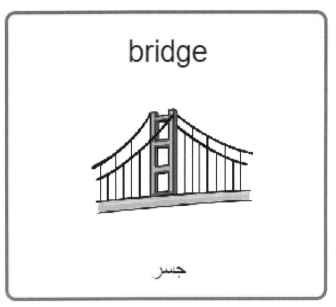 جسر
deer  الغزال	**handkerchief** 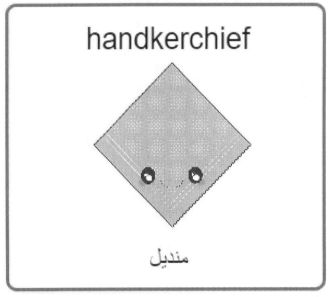 منديل
good  حسن	**cup**  كوب

cafe  كافيه	microphone  ميكروفون
pagoda  معبد	autumn  الخريف
hat  قبعة	necklace 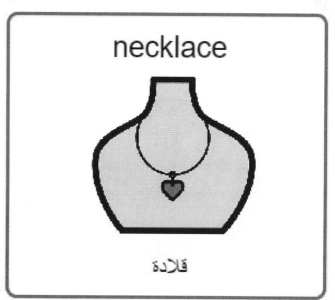 قلادة

dirt

التراب

smelling

رائحة

groundhog

جرذ الأرض

riding

يركب

hug

عناق

cab

سيارة أجرة

moon

القمر

pineapple
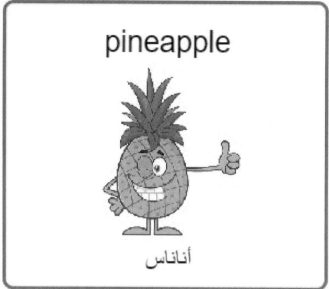
أناناس

artist

فنان

worm
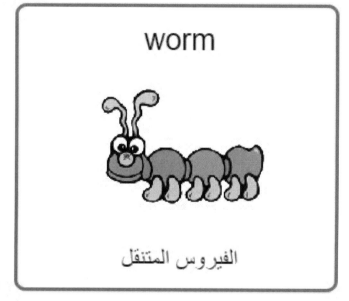
الفيروس المتنقل

baby

طفل

swimming

سباحة

pirate  القرصان	scissors  مقص
wolf  الذئب	cop  شرطي
elbow  كوع	lizard  سحلية

rocks 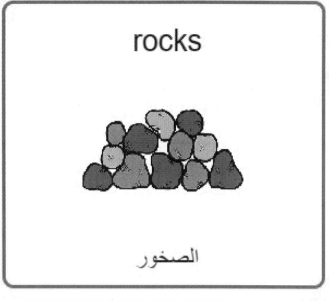 الصخور	**tail**  ذيل
glass  نظارات	**eat**  تأكل
toilet 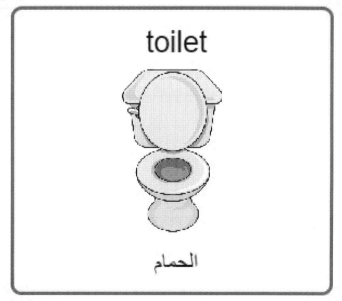 الحمام	**happy**  السعيدة

English - Arabic

English - Arabic

English - Arabic

English - Arabic

Made in the USA
Las Vegas, NV
24 November 2023

81389680R00061